Светлана Птицына

Сила уязвимости

Светлана Птицына

Сила уязвимости

Как работает наше подсознание

Bloggingbooks

Impressum / Выходные данные

Bibliografische Information der Deutschen Nationalbibliothek: Die Deutsche Nationalbibliothek verzeichnet diese Publikation in der Deutschen Nationalbibliografie; detaillierte bibliografische Daten sind im Internet über http://dnb.d-nb.de abrufbar.

Alle in diesem Buch genannten Marken und Produktnamen unterliegen warenzeichen-, marken- oder patentrechtlichem Schutz bzw. sind Warenzeichen oder eingetragene Warenzeichen der jeweiligen Inhaber. Die Wiedergabe von Marken, Produktnamen, Gebrauchsnamen, Handelsnamen, Warenbezeichnungen u.s.w. in diesem Werk berechtigt auch ohne besondere Kennzeichnung nicht zu der Annahme, dass solche Namen im Sinne der Warenzeichen- und Markenschutzgesetzgebung als frei zu betrachten wären und daher von jedermann benutzt werden dürften.

Библиографическая информация, изданная Немецкой Национальной Библиотекой. Немецкая Национальная Библиотека включает данную публикацию в Немецкий Книжный Каталог; с подробными библиографическими данными можно ознакомиться в Интернете по адресу http://dnb.d-nb.de.

Любые названия марок и брендов, упомянутые в этой книге, принадлежат торговой марке, бренду или запатентованы и являются брендами соответствующих правообладателей. Использование названий брендов, названий товаров, торговых марок, описаний товаров, общих имён, и т.д. даже без точного упоминания в этой работе не является основанием того, что данные названия можно считать незарегистрированными под каким-либо брендом и не защищены законом о брендах и их можно использовать всем без ограничений.

Coverbild / Изображение на обложке предоставлено: www.ingimage.com

Verlag / Издатель:
Bloggingbooks
ist ein Imprint der / является торговой маркой
OmniScriptum GmbH & Co. KG
Heinrich-Böcking-Str. 6-8, 66121 Saarbrücken, Deutschland / Германия
Email / электронная почта: info@bloggingbooks.de

Herstellung: siehe letzte Seite /
Напечатано: см. последнюю страницу
ISBN: 978-3-8417-7175-9

Copyright / АВТОРСКОЕ ПРАВО © 2013 OmniScriptum GmbH & Co. KG
Alle Rechte vorbehalten. / Все права защищены. Saarbrücken 2013

Оглавление

Введение. Кто я такая? Давайте знакомиться!......................................3
Как ослабить нервное напряжение...5
Вода как источник вдохновения...5
Вы, гений!..6
У всех дети как дети и только у меня балбес... ….................................7
Зеркало будущего..8
Что наша жизнь? - Игра..9
Что делает тебя счастливым?..10
Сила воображения...11
Жизнь продолжается..12
Как победить исполина?...13
Счастье чужими руками..16
Я люблю тебя до неба..17
Стыдно быть одиноким...18
Волшебные песни сирен...19
Гармония: Быть собой...20
Всегда говори "ДА"...21
Лампада жизни...22
Иллюзия счастья..23
Каким тебя видят люди?...24
Мы едины..25
Я зарабатываю свободу...26
Секрет творчества...27
Мир, в котором мне ничто не угрожает...28
Все сложно... …..29
Тупик...30
Держись, детка...31
Победа. Жизнь на грани своих возможностей......................................32

Способ измерения времени — деньги..33

Безопасность - это рост или остановка?..34

Я есть сама Любовь!..35

Мужество...37

Стань героем для самого себя..38

Сила Благодарности!..39

5 минут, которые творят чудеса...40

Изменив свое сегодняшнее состояние, ты изменишь свое будущее...................41

Моя цена..42

Сеанс ясновидения ценою в 52 000рублей.......................................43

Что мешает достичь желаемого?...45

Делай, не смотря ни на что!..46

Брин Браун: Сила уязвимости...48

Здесь живет страсть...51

Библиография...55

Введение.
Кто я такая? Давайте знакомиться.

Дорогой друг! Сегодня я имею уникальную возможность поделиться с тобой частицей себя с помощью этих небольших статей, которые надеюсь вызовут в тебе отклик и возможно помогут посмотреть на свою жизнь по новому.

Я, Светлана Птицына и я являюсь экспертом по физическому и эмоциональному здоровью. Сейчас, я персональный коуч по исцелению тела, души и возвращению молодости, коуч по технике эмоционального освобождения.

Здоровье, Долголетие, Красота так долго были искажены в моем восприятии и блокировали мое творчество. Да и само творчество мной понималось как фиксированный, конечный продукт. А ведь творчество это целый процесс, это наше взаимоотношение с деньгами, людьми, с телом. Это то, как мы свой внутренний мир делаем видимым для других людей. Мы с вами живем в уникальное время, когда наши возможности становятся безграничными. И каждый из нас находиться сейчас в такой точке своего развития, когда может для себя принять решение, быть молодым, энергичным, красивым. Наша жизнь для нас только начинается в каком бы возрасте и в каком бы теле мы не находились. Все можно изменить. И для этого у нас есть все возможности. Я хочу, чтобы было, как можно больше женщин способных ценить себя, свое здоровье. Чтобы как можно больше женщин становились целостными, не боялись проявлять свои чувства и мысли. Не боялись быть истинными, такими какие они есть. Я помогаю женщинам стать здоровыми, молодыми и красивыми. Изменить свои взаимоотношения с самим собой и людьми. Убрать из жизни страх смерти и старости, которая воспринимается как уродство. Это высвобождает энергию на творчество, а не на борьбу со смертью и старостью за удержание своей красоты, своих былых достижений. Человек красив в любом возрасте, просто в каждом периоде жизни по своему. Жизнь это не борьба за выживание, а содружество в изобилии и процветании. Свой опыт я запаковала в авторскую программу, с помощью которой я помогаю стать здоровым, приведя в баланс свое мышление и тело. Так, мы становимся не уязвимы для времени. Мы запускаем новые процессы, которые ведут нас к долголетию. Вся энергия которая была заперта в теле в виде сопротивления и обид, теперь выходит на свободу. И вы приобретаете мощный инструмент в виде своего тела, это возможность общаться с собой через интуицию. Развитие интуиции дает узнать свое предназначение. Тем самым сделать свою жизнь творческой и радостной. Моя программа это мой уникальный опыт, через который я прошла сама и полностью изменила качество своей жизни. У меня с 9 лет болели глаза. Врачи были бессильны помочь, они ничего не находили, что могло вызывать сильные приступы боли. Так я и жила с этой болью, ожидая очередного приступа, который измотает меня и опустошит. 12 лет назад я в корне изменила ситуацию. Я исцелила себя сама, без вмешательства врачей и медикаментов. Я научилась работать с телом, работать с больным органом через ситуацию, которая повлекла эту боль. Я вернула свой вес, в котором мне комфортно (53 кг.), в возрасте 52-х лет мой метаболический возраст — 36. Я молода, полна сил, энергии и здоровья. Я помогаю женщинам обрести эмоциональную свободу. Освободить себя от груза прошлых обид и вины, «негативных» эмоций, которые они запрещают себе испытывать. Что приводит к болезням и недовольству собой. И это разрушает их жизнь, ведет к депрессиям и отсутствию радости. Я прошла через все эти состояния: состояние нужды, неверие в себя, состояние безвыходности и полной никчемности. И поэтому, я помогаю им обрести внутренний покой и баланс, который восстанавливает их силы для того, чтобы решать любые вопросы и ситуации легко. Наполнить свою жизнь заново. Новыми красками, новыми чувствами и новыми состояниями. Трансформируя свои мысли и убеждения мы исцеляем не только свое тело, а и свою жизнь. Она становится совершенно иного качества. Жизнь полная любви без условий и осуждений. Я заново открываю для себя мир. Мир, где все есть Любовь.

Как ослабить нервное напряжение.

Жизнь - это движение, а движение требует напряжения. Когда я записывала видео, я нервничала, испытывала чувство напряжения. Для меня это был новый опыт, которого еще не было в моей жизни. И весь мой организм напрягся в поисках поддержки и безопасности. После того как ролик был записан - произошло расслабление. Я была жива и здорова. Это действие не причинило мне ничего плохо, а наоборот доставило удовольствие и положительные эмоции. Вот почему мы не любим выходить из зоны нашего комфорта. Нам кажется, что мы в безопасности там, где все уже знакомо. Поэтому и ходим по жизни как по замкнутому кругу. Кроме того мы верим в вещи, которые приносят мгновенный результат. И не видим того, что этот результат очень быстро проходит. А наши действия разрушают нас и наш организм. Будьте внимательны к своему телу, и оно будет здоровым.

Вода как источник вдохновения.

Сегодня, мы с Татьяной записали новое видео. Как в домашних условия без дорогостоящих фильтров, своими руками создать здоровый напиток для себя. Тут появляется мама и произносит, что ей легче купить готовую воду в магазине. После чего благополучно удалилась болтать с подругой по телефону.

Знакомо да? Мы постоянно жалуемся на нехватку времени для себя и безжалостно транжирим его на всякие глупости. Фразой "нет времени" - мы просто прикрываем свою лень. Если мне лень, то кому будет не лень заниматься моим здоровьем? Моим благополучием? Производителю воды? Да для них это - Клондайк, ленивые люди. И почему себе я не верю, а им доверяю свое здоровье. Мы есть то, что думаем. И если вы думаете, что вам легче озолотить другого и купить, то вы это и делаете. Другой процветает, а вы...? Вы только вкладываете деньги в покупки? Наверно нам стоит задуматься над этим. Ведь это касается не только этого вопроса, а всех сфер нашей жизни. Мы как жесткая вода, сидим и ждем счастья. И если для счастья необходимо что-то сделать, мы его отталкиваем, это не то счастье. Мое мнение, мы ленимся, когда не видим своего участия в процессе. Не видим своей пользы. Делаем что-либо для других, как одолжение. Не осознавая, что все, что мы делаем, мы делаем для себя. Откликнувшись на просьбу своих близких, мы улучшаем для себя атмосферу в своем доме. Не ленитесь, создавайте свой лучший день!

Вы, гений!

С помощью наших страхов нами манипулируют и поддерживают в нас неверие в себя. Мы верим, что очень сложно работать на компьютере. Еще сложнее, если создавать свой сайт. Без специалистов ни куда. Нам обещают помощь. И мы боимся остаться без поддержки. Нам легче поверить в безвыходность ситуации, чем в свои силы. Поэтому нам нужен герой, вечно спасающий нас от проблем. Этими героями и становятся люди и фирмы обещающие волшебное спасение. Так мы становимся безучастными в своей собственной жизни. Мы же пригласили героя спасателя разбираться в наших проблемах. Вот пусть и отрабатывает те деньги, которые получил. А чем занимаетесь вы, пока вашу жизнь спасают люди, которые вас не знают? Ожидаете чудес. От кого? Эти спасатели такие же люди как и вы. С теми же проблемами. Их жизнь не похожа на рай. И для подражания не годиться. Так стоит ли так опрометчиво поступать? Все это иллюзии навеянные страхом разделения и низкой самооценкой. Что все такие умные, один только я такой неумеха. Пробуйте. В жизни необходимы простые действия, чтобы придти к достижениям. С сегодняшнего дня, Вы - гений! Раскрывайте свои навыки, которые вы позволяли за вас делать другим.

У всех дети как дети и только у меня балбес...

Причина нашей низкой самооценки как всегда в нашем детстве. Вспомните, как ваши родители сетовали на несправедливость своей жизни. У всех дети как дети и только у меня балбес... Этим "балбесом" были вы. Слушая каждый раз эту фразу, вы поверили. Поверили в авторитет родителей, постепенно превращаясь в пассивных неудачников. И будучи уже взрослым человеком, внутри вас все еще живет "балбес". Мы считаем, что успех возможен только для умных людей. Поэтому у нас такая тяга к информации. Мы глотаем ее тоннами. Но ..прочитав очередную книгу или пройдя тренинг, мы все еще в той же самой точке из которой пытаемся выкарабкаться. Кроме того необходимо себе честно ответить, что значит для вас умный человек. Я увидела, что у меня это - активный человек, который делает несколько дел одновременно. Например, пьет чай, смотрит телевизор и попутно разговаривает по телефону. Этот стереотип навязан СМИ. Посмотрите рекламу, все на ходу, в спешке.

Недавно я сидела за компьютером и злилась, медленно выполнялись мои команды, а потом и вовсе завис. Когда посмотрела на ситуацию, увидела, что между командами, которые я давала, интервал был в секунды. Причем задачи, которые я ставила были противоречивы. Так и в нашей жизни. Этот хаос возникает, когда я не знаю чего хочу. Я хочу все и сразу. И холодного и горячего одновременно. Если я получу холодное, а вдруг мне понадобиться горячее?.

Это страх. Страх будущего, которого пока нет. Страх возникает, когда мы умом переносимся в будущее, представляем его и - ах, что же будет, что же будет! Мы представляем, что может случиться - завтра, через месяц или год. И видим, что там нам может быть плохо - больно, неудобно, унизительно, безденежно. Мы не хотим этого плохого и заранее жалеем себя - то есть боимся. Нам не хватает мужества сделать простые шаги. Мы боимся быть осмеянными, отвергнутыми и униженными. И предпочитаем не брать ответственность за свое счастье и изобилие. Нам кажется, что так безопасней. Но ведь всего этого ЕЩЕ

НЕТ! Это будущее, которое мы вообразили, и его может не быть совсем. Что может помочь? Простые правила.

Правило #1. Пусть вас критикуют другие, вы же о себе и про себя говорите только хорошее!.

Правило #2. Не запасайтесь лишней информацией. Информация без навыков вам не нужна!

Правило#3. Делаем только один шаг. И делаем его хорошо. Без спешки и суеты.

Правило#4. Учимся быть творцом . Это я автор своей жизни. Находясь в неприятной ситуации спросите себя: Есть в моем сценарии для данной ситуации - хороший конец? И нарисуйте его прямо Сейчас!

Удачи!

Зеркало будущего.

Я заметила, что если я пишу план на день, я выполняю все пункты. Даже то, что я так долго откладывала. Уделяя этому внимание, записывая как выполненное дело, я как бы даю себе обещание выполнить. И выполняю. Но бывает, что я не составляю плана чего бы я хотела достичь. И тогда мой день в неуравновешенности. Внутри хаос, я могу браться за одно дело, другое и все безрезультатно. Получается, что нашему уму нужна команда, направление. И это направление задаю «Я», а не он. Он всего лишь исполнитель. А ведь я ему приписывала это качество — управление моей жизнью. Когда мы уму не даем команду, он не видит **перспективы — будущего.** Ум видит только свой **прошлый** опыт, который он и повторяет снова и снова так как больше ничего не умеет. Ум необходимо тренировать и расширять — искать новый способ решения. Ведь, если то, чего вы хотите, никогда не было в вашей жизни, то наврядли оно и проявится. Каким образом мы можем расширить мыслительный процесс и свои горизонты? Чтобы невидимое стало видимым?

К примеру, вы хотите стройное тело, а ваше тело не отвечает требованиям стройности. То смотря на себя в зеркало, надо **увидеть** себя стройной. Увидеть так, чтобы ум поверил. Смотря на свои жировые складки, видеть стройность своей фигуры. Заложить тем самым то будущее, которое вы хотите. И каждый день его приближать в свою действительность. Пока оно не проявится.

Отнеситесь ко всему как к игре. Играйте. Вы ведь ничего не потеряете если попробуете. А можете только **приобрести**.

Что происходит? Вы перестаете ругать себя и тем самым высвобождаете энергию, которую раньше вкладывали в борьбу с собой. Теперь вы как архитектор строите со страстью новое тело. Энергия стала не разрушительной, а созидательной, творческой. И это здорово!

Творите, творцы свою лучшую реальность. Пишите планы и выполняйте их. Будьте дерзкими.

Что наша жизнь? - Игра.

Я как то заметила, что перестала любить играть в настольные игры. Причина оказалась в проигрыше. Если не играешь, то и не проигрываешь. Какую боль причиняет проигрыш? Как правило игра подразумевает наличие нескольких игроков. А это уже общество. И непросто общество, а общество соперников. Где каждый стремится выиграть и при этом скрывает свои истинные мотивы и пытается тебя ввести в заблуждение. Другими словами — обмануть. Твоя позиция точно такая же. Если ты начинаешь проигрывать, все твое внимание сконцентрировано на том, что ты должен немедленно отыграться. Чем больше хочется, тем меньше шансов. Участники начинают хохотать от счастья, что это не они в таком положении. А ты саботируешь себя мыслями, что все смеются над тобой. Тебе очень жалко себя. Ты чувствуешь себя неудачником от безвыходности ситуации. Получается в игре важно не проиграть. Не быть в «хвосте». Быть как большинство. Ведь выигрывает первый, а проигрывает последний. Любая игра для чего то. Для получения радости, для развития навыков, расширения кругозора..Мы же концентрируем свое внимание не на радости, а на том, что тебя окружают враги. Отсюда и идет стыд проигрыша.

Неудача это не человек, а ситуация. Внимание было рассеяно и ты забыл - ты играешь или тобой играют? Лидерами становятся те игроки, которые помнят, что они в игре. Которые не смотрят назад, что они потеряли. А только вперед к новым возможностям, которые дадут намного больше и лучше.

Будьте лидерами для себя. Ведите себя к своей лучшей жизни. Я восхищаюсь своим внуком, который меня учит играть. Играть со страстью, со вкусом. Один из самых маленьких по росту, командует отрядом на Зарнице. Так как это Его Игра.

Что делает тебя счастливым?

Я сегодня оплачивала очередные платежи. Смотрела на квитанции и задала себе вопрос: «Светлана, это сделало тебя счастливой?» Вначале было желание опять нацепить надоевшую маску жертвы. И завести старую, жалобную песню о своей доле. И вдруг я осознала свою силу в этом. Не бороться, а принимать ответственность. Не отдавать свою силу, считая себя маленьким, бесполезным существом. Которое не может себе ничего позволить. А стать могущественным творцом своей реальности. Который может все. Можно не оплачивать жилье и жизнь на этом не закончится. Изменятся только ваши условия проживания. Комфорт это радость. Необходимо взять ответственность за свою лучшую жизнь. За тот комфорт, который у вас есть сегодня. И наполнить это все своей благодарностью за то, что имеешь. Благодаря мы берем ответственность!

Жалобы и стоны это замаскированная форма гнева. А гнев это союзник печали, страха и страдания. Жалея себя, мы считаем, что мир несправедлив по отношению к нам. Это правда? Неужели в твоей жизни нет ничего, за что ты благодарен себе? Все, что окружает тебя, ситуации, люди, события — это все есть ты. Ты создал эту реальность. Своими мыслями о мире и о себе в этом мире. Мы все в равных условиях, у нас только разный взгляд на жизнь. Стоит оглянуться вокруг и увидеть тех, кто живет как-то иначе. И прислушаться к словам этих людей, понять их образ мышления. Впустить в свою жизнь то, от чего раньше убегал. Для чего, вы все еще там, где вы сейчас? Возьмите под сомнение общепринятые правила. Пришла пора перестать жить в долг. Ожидать добрых действий от других. Творите сами это добро и оно придет в ваш дом. Жизнь наполнится гармонией и красотой.

Сила воображения.

Сегодня я хочу затронуть вопрос веры. Нам говорят верь в себя и у тебя все получится. Что же стоит на пути к нашей вере? Помните ситуацию, когда вам родители дают совет, а вы не следуете ему? Но стоит дать тот же самый совет вашему школьному учителю и вы с рвением начинаете его применять. В чем же дело? Учитель в данном случае выше по значимости, чем родитель. Вся жизнь которого на виду, проходит на наших глазах. Мы видим как наши родители сами себе противоречат. Говорят одно, а делают другое. И это так же не прибавляет веры. И мы начинаем воображать лучшую реальность. Только помещаем в эту реальность не себя, а учителя. И рисуем его жизнь, окутанную тайной. Наше воображение рисует дивные картины. Вот так легко мы приписываем другим людям качества, которых у них нет. Просто так у нас разыгралось воображение. Постепенно забывая автора этой истории. Мы попадаем под гипноз своих же собственных заблуждений. В какой то момент, мы пробуждаемся от этого гипноза. И задаемся вопросами: «что я в нем нашла?», «где были мои глаза?».

Все это связано с непринятием ответственности за свою жизнь. Легче верить в другого, что у него все получиться, чем самому трудиться над созданием своей жизни. Зачастую мы не видим, что для другого это не посильная ноша. Каждый ответственен только за свою жизнь. Вверяя свою жизнь другим, мы отдаем и свою силу. Отсюда наши конфликты из-за неоправданных наших ожиданий. И нехватка своей собственной силы изменить ситуацию. Ваша жизнь в чьих руках? Мужа, родителей, детей? Пока мы будем верить всем кроме себя, в нашей жизни будут проблемы. Каждый из нас знает себя лучше, чем самые близкие люди. Не жди от других то, что можешь дать сам. Будь сильным. Взращивай свою веру в свои силы и у тебя все получится!

Жизнь продолжается...

Каждый из нас, независимо от того кто мы - молодые и старые, богатые и бедные, мужчины и женщины, выбирает один из двух жизненных путей.

Один путь — проторенная дорога к заурядности, другой — дорога к величию и значимости. Наша задача — научиться проживать свою жизнь с пользой. И это процесс личностного роста и развития, который потребует от нас не только максимальных усилий, но и терпения. Настоящий рост и развитие не могут произойти мгновенно. Мы должны заплатить свою **цену,** чтобы познать себя и внедрить новые привычки. Познавая себя и разбирая каждую проблему своей жизни. В детстве нас учат не обижать маленьких и защищать слабых. И в какой то момент ты понимаешь всю несправедливость таких взаимоотношений. Получается маленьким и слабым можно то, чего нельзя сильным. И нам это выгодно. Нет ответственности — нет спроса. Быть таким маленьким человечком нам помогают привычки в переедании, алкоголь и курение. Мы потакаем себе в своей же слабости. Чего ждать от человека, который не может побороть свой образ мышления? Привычка становится больше нас. И вместо роста и развития мы застреваем в своем бездействии. Всеми этими вредными привычками мы давим свою мечту. Сосредотачиваясь на сиюминутном удовольствии. Давайте посмотрим как мы принимаем решение. Как правило наш выбор всегда в пользу сладкого, даже если вы прямо сейчас приняли решение не есть такую пищу. По сути все наше решение сводится к выбору **предпочтения.** А нам надо **немедленно** пресекать любую возможность к отступлению. Это и есть наше потакание маленькому человечку.

Я все еще во власти этого маленького попрошайки. И сегодня купила себе сникерс. Но я заберу свою силу. Это не конец. Жизнь продолжается...

Как победить исполина?

У меня есть родная сестра, Татьяна. Недавно мы с ней рассматривали вопрос безответственности. Сегодня, этот же вопрос я хочу чуть расширить. А в конце, с ее разрешения выкладываю ее историю. Как правило к безответственности нас побуждает жалость к себе. Когда мы жалеем себя проблема в нашей голове рисуется как небоскреб. Чувство жалости полностью поглощает нас. Мы отдаемся во власть ему. И картина драмы рисуется до вселенских размеров.

Попробуйте заметить, что вас в этот момент нет, есть драма и чувство жалости, которое как желчь начинает нас разъедать изнутри. Так происходит от того, что мы сфокусировали все свое внимание на **утрате контроля над ситуацией.** Мы зависимы. А зависимость не может дать свободу. Наше тело при помощи боли дает сигнал — опасно. И мы тогда действуем очень осторожно. Так и драма является для нас болью, которая сигнализирует нам, что ситуация может выйти из под контроля. Контроль для нас это чувство безопасности. Так мы контролируем рост ситуации. Ситуация либо меньше вас либо такая же как вы. Как только идет страх утраты контроля, ситуация становится во много раз больше вас. Отсюда наша неуверенность в себе. Когда я меньше и слабее, как я могу справиться с этим исполином? Великан возрастает тогда, когда я боюсь **принять неверное решение.** Страх совершить ошибку.

Появляется целый рой сомнений и упреков в свой адрес. Так мы себя загоняем в тупик и делаем ситуацию безвыходной. Так как в основном мы предсказуемы, то мы начинаем ожидать, когда пройдет страх, чтобы начать действовать. Вот здесь кроется наше заблуждение. Страх будет присутствовать всегда в нашей жизни. И с этим бороться нет необходимости. Страх это всего лишь путеводная звезда, которая говорит нам, что мы двигаемся и двигаемся в правильном направлении. Вот отсутствие страха показывает нам на застой и прекращение роста. Не позволяйте страху сдерживать вас и не отказывайтесь от своей мечты, от своей лучшей жизни. Берите ответственность за свое счастье. Победите своего великана внутри себя. И помните, смелость — это привычка действовать несмотря на страх.

А сейчас..История моей сестры....

Письмо сестре о моей безответственности

Я жила счастливой жизнью в течении пяти лет, когда рядом со мной был любимый мужчина. Затем мы расстались и я не могла вообразить свою будущую жизнь. Ни о каком счастье уже не было и речи. В моей реальности начались проблемы со здоровьем, это интимная сторона вопроса. Я от проблем отмахивалась, считая, что решу их с появлением в своей жизни мужчины.

Я нередко слышала, что врачи говорят женщинам: "надо вести половую жизнь". Как будто это панацея. Ну и в моем окружении есть человек, который про секс говорит так: " Это полезно для здоровья". В моей голове не могло это не отложиться. И таким образом я решила, что мужчина - это мое лекарство. Правда смешно? Это сейчас смешно, а тогда я серьезно так думала.

Через 10 лет в мою жизнь входит другой мужчина, я радостно хлопаю в ладоши, вот оно моё лекарство! А ещё через полтора года, после активного «лечения» с ним, мне ставят диагноз, от которого меня не то, что в пот, а чуть ли не в гроб бросает. Эта ситуация накалилась до такой степени, что я наконец, начала задавать себе вопросы: Как я оказалась в этой ситуации? О чём мне говорит эта ситуация? Я шла в свою боль и спрашивала: «что ты хочешь мне рассказать?» На второй день я осознала ситуацию. Оказывается я не видела СЕБЯ в своей же жизни. Я наивно полагала, что кто-то может меня осчастливить, спасти, вылечить. Я не осознавала своей ценности.

Таким образом, я перекладываю свою ответственность, за свою же жизнь на другого человека и на сложившиеся обстоятельства. Вот мы и подошли к БЕЗОТВЕТСТВЕННОСТИ во всей её красе: «Кто угодно виноват в моих проблемах, только не я». Так я разобрала один кирпичик из стены, которую соорудила в своём теле. Но теперь я знаю, что раз я смогла её построить(стену), значит смогу её по кирпичику и разобрать. Что бы было понятно, я под стеной подразумеваю блок, записанный в теле, из-за которого перекрывается энергия, образуется застой и как следствие болезнь.

Также я поняла, что как в первом, так и во втором случае, свою силу, я отдала этим мужчинам. Теперь я её возвращаю себе, это моя сила и она мне нужна, для счастливой и здоровой МОЕЙ жизни! И ещё одно пояснение. Мы свою силу можем отдать врачу или лекарству, но врач не сделает за нас работу по выявлению истинной причины болезни, врач работает со следствием. Он залечивает, то есть отсрочивает на какое-то время болезнь, но не лечит.

И здесь надо понимать, что я не призываю отказываться от услуг традиционной медицины, но для эффективного, действенного выздоровления надо на первое место выдвигать свою силу, себя.

Большую помощь и поддержку мне оказывает сестра Светлана, она как маяк показывающий направление, куда, в какую сторону надо двигаться. Так, что ей огромное БЛАГОДАРЮ!

Счастье чужими руками.

Времяпрепровождение. Как правило наш день делиться на первую половину дня, которая посвящена дотянуть до обеда и вторую, в ожидании окончания трудового дня. Где маячит ужин и сон. Дело которым ты занят в промежутках между едой и сном совершенно бесполезное. Дело, которое тебя совершенно не касается. Просто так все живут. Подстраивая свою жизнь под необходимые нужды. Что нужно для жизни? Крыша над головой и работа, которая тебя кормит. Мы научились жить довольствуясь малым. Нам стыдно признаться себе, что мы живем чужой жизнью, а не жизнью своей мечты. Я хочу быть богатым и духовным человеком. Одно другому не помеха. А в голове сложившийся образ. Духовный человек, бедный человек. И начинаешь подстраиваться под этот образ жизни. Обвинять состоятельных людей. Богатство и благородство души ведь несовместимы. Так и живешь с этим дисбалансом. В этом и заключен парадокс жизни, кто больше всех против богатства, к нему очень сильно стремится. Это секрет. Мы ведем двойную жизнь. Одна снаружи для нашего окружения, где мы доказываем, что мы такие же. И внутренняя, где хочется стать благополучным человеком.

Отсюда и конфликт. Вселенная не знает какой сценарий исполнять. Пора перестать говорить одно, а думать другое. И перестать игнорировать богатство. Оно уже есть. И оно здесь для меня, для того чтобы моя жизнь стала веселее и комфортнее. Необходимо взять свою личную ответственность за свою лучшую жизнь. Нет другого человека, кроме тебя, который сделает это. И когда кто-то рядом с тобой, очередной раз станет обвинять других в своих проблемах, не спеши поддержать этот разговор.

Возьми под сомнение, не втягивайся драму. Начни задавать себе вопросы. Что я сделал для того, чтобы моя жизнь стала радостнее и счастливей? Это безумие ожидать счастья чужими руками

Я люблю тебя до неба.

В детстве, когда отец говорил мне, что очень сильно любит меня, я в ответ говорила,что люблю сильнее, до самого неба. Когда мы что-то или кого-то любим, то считаем, что этой любви должно быть ОЧЕНЬ много. Этакая чрезмерность во имя любви. Это искаженное понимание любви проявляется, когда ребенку родители внушили, как они любят, когда он хорошо кушает. И ребенок в ответ на родительское чувство ест даже тогда, когда и не хочет. Любовь в кредит или обусловленная любовь. Когда мы верим, что нас любят за что-то. И это что-то ОЧЕНЬ важно. Мы хотим, чтобы нас любили и чтобы это чувство согревало нас всегда, а не от случая к случаю. Веря в то, что все приходит к нам из вне, от кого-то, мы привязываемся к людям и вещам. Истощая так этот источник своей постоянной потребностью в чувствах. И злимся, когда наш партнер не может нам дать то, чего мы так сильно хотим.

Такая жизнь обусловлена. И полна страдания. Из героев для себя мы становимся слугами для наших близких. Наша жизнь становиться жизнью в изоляции. Мы угождаем близким в обмен на их чувства к нам. Вот, что написано в Википедия о прислуге. "Слуга обязан господину почтением, верностью, скромностью и послушанием и должен посвящать все свое время и всю деятельность на его пользу и благо; обязан безропотно подчиняться домашнему, установленному господином порядку и не может без его дозволения отлучаться от дома; терпеливо переносить делаемые ему словесные выговоры и не имеет права искать об обиде, если бы даже господином были употреблены при сем жёсткие выражения". Правда похоже на наши отношения с близкими нам людьми? Как изменить ситуацию? Поменять отношение к любви. Мы и есть это чувство. Мы сами даем его себе. Радуясь себе в каждом новом дне, каждой встрече, каждому делу которым мы заняты сегодня. Так мы напитаем себя и распространим этот свет любви и на близких. И конечно нам необходимо стать лидерами. Человеком проживающим свою жизнь на своих условиях.

Лидерство пугает так как необходимо выйти из толпы. А выходя вперед ты становишься очень уязвимым. Для этого нам так необходим свой внутренний источник любви.

Стыдно быть одиноким.

В последнее время я создаю одну и туже ситуацию. У меня выходит из строя компьютер. Я вынуждена решать этот вопрос, вступая во взаимоотношения с компаниями по ремонту. Такова моя реальность на сегодня. Цена ремонта в процессе начинает значительно отличаться от первоначальной суммы. Это выводит меня из равновесия на эмоции. Я уже не фокусируюсь на информации, которую мне дает мастер. А поглощена внутренней борьбой за справедливость. Чтобы разобраться, что же стоит за всем этим, я мысленно поставила перед собой свое недовольство и разрешила себе действовать так как захочу. В первую очередь я стала искать возможность выйти на первое лицо фирмы. Для чего? Я иду жаловаться. И нахожу человека, который может защитить меня и наказать моего обидчика и наглеца. У него есть то, чего нет у меня. А именно власти. Руководитель обладает рычагами воздействия на подчиненных ему людей в виде страха утраты работы или части заработной платы. Для чего мне это? Мое маленькое эго требует мщения. Приходит аналогия с поведением собак. Маленькие собачки громко лают на больших и как правило заливаются они под защитой своих хозяев, тогда как большие псы даже не реагируют на их лай. Я увидела, что таким образом убегаю от своих чувств. Запрещаю им быть. Увидела свою боль в чувстве жалости к себе. Мне жалко себя, времени и денег, жалко заниматься никчемным для меня занятием, как ремонт компьютера. Вышла боль одиночества. Я один на один решаю технические вопросы. Не женское это дело. В этом моя слабость и уязвимость. Разделенность на мужское и женское и создает мой побег. Я убегаю от «мужских» вопросов. Для этого привлекаю в свою жизнь «слабых» мужчин и пытаюсь добить их своей местью за свои подавленные чувства. Так меня воспитали, привит стыд. Стыдно быть одинокой женщиной. А следовательно и заниматься делами мужчин.

Надеюсь, что мой опыт поможет вам отыскать забитую в угол общественным мнением свою достойную женскую природу, которая займет свое место по праву. Успехов и до новых встреч.

Волшебные песни сирен.

Хочу поделиться своим опытом выхода за пределы ситуации. Сижу на диване, все под рукой: книга, бумага, авторучка, удобная подушка под спиной. Телу очень комфортно. Я чувствую, как комфорт поглощает меня. И поглощение идет от БЕЗДЕЙСТВИЯ. Ничего делать не надо. Мысленно представила, что звонит телефон, который находится в метре от того места, где я сижу. Необходимо сделать над собой усилие, чтобы встать. А комфорт делает свое дело — он поглощает и обездвиживает. И тут осознала, что отождествила себя с телом. Я **решила**, что Я есть тело. Следовательно, все чувства, которые происходят я не наблюдаю, а я в них. Я поглощена. Этакий гипноз, как от песен сирен. Идет ощущение безвыходности. Наше отождествление это подстраивание под нашу реакцию на предмет или ситуацию. Наша реакция это то, как мы чувствуем картину окружающего нас мира. Мы вступаем во взаимодействие с людьми, предметами, ситуациями и **поглощаемся возможностью их обладания!**

Только со временем не понятно кто кем обладает. Мы вещью или она нами. Находясь в **пределах** формы или ситуации мы глухи и поглощены звуками песен сирен. Этим сладострастием, что нам обещают вещи, отношения, деньги.

Возможность насладиться или избавиться от страдания (недостаток наслаждения) и руководит нашими мыслями и действиями. Мы не в состоянии ни думать, ни поступать.

Выход — выйти за пределы себя и ситуации. Принять **решение**, что вы больше чем это тело, предмет и ситуация. Стать не вовлеченным наблюдателем. Наблюдать реакции тела и разтождествляться. Это дает нам свободу действий.

Гармония: Быть собой.

Недавно мне снился сон. Пожилой мужчина, дряблого телосложения, с болезненными ощущениями в локтях, хотел жениться на не молодой женщине, и такой же немощной как и он сам. С ней случился приступ и он не в силах был ей помочь. Он был растерян и беспомощен. Эти старики были моими внутренними энергиями: мужской и женской. Моя мужская энергия очень устала от всякого рода условностей и сложностей. Именно об этом сигнализирует боль в локтях. А женская моя часть в страхе перед будущем. Я живу между прошлым и будущем. Без настоящего, которое постоянно ускользает, в сожалениях о прошлых годах или в тревогах о туманном будущем.

Тьма. Очень плотная, не видно ничего, даже себя. Все ею поглощено. Я сдаюсь, все бесполезно. Не вижу цели. Это чувство возникает от обусловленности.

Обусловленность это запрет иметь то, что ты хочешь, сразу. Без посредников и каких либо условий, просто потому, что ты Есть. Мы выстраиваем наши взаимоотношения на цепочке ЕСЛИ — ТО. Если хочешь купить машину, то необходимы деньги. Деньги зарабатывают. Зарплата будет выше если будет образование...Таких цепочек у нас множество. Учеба, работа, зарплата — все это условия. Выполнил одно условие, как тут же возникает другое, более сложное. А заветное желание не приближается, а все дальше и дальше от нас. Нам говорят терпи, меняй условия: работу, образование, семейное положение...

Мы концентрируемся на изменении условий или другими словами на том, чего у нас нет. И **запрещаем** себе **иметь** то, что **хотим** безо всяких условий.

Шаг к обретению свободы в разрешении быть собой. Иметь то, что мы хотим и так долго себе запрещали. Быть светом самим себе.

Всегда говори "ДА"

Сейчас на Фейсбуке появилась возможность добавлять вас в группы без вашего ведома. Я таким образом оказалась в нескольких сообществах. Раньше, я стала бы возмущаться, сейчас стараюсь не отталкивать то, что входит в мою жизнь. А смотрю каким образом я могу с этим взаимодействовать. Увидела прекрасную возможность подать себя и свой опыт большему количеству людей. Мы очень прямолинейны, считаем, что бы что-то получить надо это заслужить. Пройти огонь, воду и медные трубы. Но так ли это? Моя сестра недавно выразила намерение получить финансовое вознаграждение. И Вселенная сделала свой шаг. Появилась соседка, которая попросила оказать ей помощь. Выбросить старую книжную полку. Для пожилого человека, это было важно, она не могла в одиночку решить этот вопрос. И в благодарность она предложила деньги. Вечером того же дня был телефонный звонок, где другой человек так же нуждался во времени и свободе моей сестры. И так же была предложена денежная сумма. Какой же ответный шаг был сделан Татьяной? Она отказалась в обоих случаях. Нам стыдно брать деньги от обычного человека. Мы чувствуем, что не заслужили. Нет героизма и самоотверженности. Мы не видим, что **через** этого человека сама Вселенная приходит **к нам.** Сами себе противоречим. Просим, а когда приходит — отталкиваем. Нужны сложности. И сложность в слабости, что ты этого не можешь. Недавно я проводила энергетический сеанс. Через мои руки шла энергия к телу женщины. Когда я почувствовала, что энергия больше не поступает, я хотела убрать руки. В ответ на это услышала просьбу подержать еще. Я ей объяснила. Дело в том, что именно **вы берете** энергию через меня, а не я ее вам даю. И вы берете именно столько, сколько сможете взять на момент сейчас, не больше и не меньше. На сколько вы открыты для этого. Просто мой уровень сознания позволяет мне пропускать через себя более высокие вибрации. Которые очищают тело, сознание и дают нам выход на другой уровень восприятия. Нам необходимо учиться видеть в других и в себе не немощных, а сильных людей. Перестать стыдиться своей силы. Сама вселенная идет от вас ко мне. И от меня к вам.

Лампада жизни.

Здравствуйте, друзья! На сайте я произвела некоторые технические изменения и статьи которые были написаны до сегодняшнего дня, теперь будут открываться по новым ссылкам. Надеюсь, это не вызовет проблем. И вот как раз решение изменить сайт далось мне не совсем просто. Все готово, осталось только кнопку нажать — обновить страницу....и отступаю. Стою в метре от желаемого и вместо того чтобы взять, я ухожу. Это моя привычка быть самонадеянной. Ее корни в том, что мы считаем, что вся наша жизнь ЕЩЕ впереди. Думая, что я почти достигла желаемого и оно у меня в кармане, я не завершаю процесс, а решаю расслабиться, отвлекаюсь. Мне же остался всего один шаг и в любой момент я его могу сделать. И в этом мое заблуждение. Посмотрите сколько у вас есть незавершенных дел. Недочитанная книга, незавершенный ремонт, не выясненный разговор и много, много чего. Я не принимаю во внимание новые вероятности развития одного и того же события. Все в жизни течет и меняется каждую секунду. У меня есть только этот момент для действия.

Завтра это будет уже другой сценарий и игра будет уже по новым правилам. Возможно появятся новые игроки и обстоятельства. А я зафиксировала только тот от которого еще и отступила. А Вселенная, как мой партнер просто понимает, что эта возможность по каким то причинам меня не устраивает и в щедрости своей дает новый вариант подхода. Мы так привыкли себя забавлять и развлекать, что не видим ценности своей жизни. А все, что бесплатно - все впереди. И следовательно есть время. Поэтому мы откладываем на потом бесплатные курсы и советы. Мы до них не доросли, не заплатили свою цену. Мы все еще дети. Без принятия ответственности за свои результаты.

В завершении хочу привести одну притчу

Был такой известный греческий подвижник двадцатого века старец Порфирий. Однажды он устыдил свое духовное чадо за то, что тот искупался в холодной воде и мог умереть от сердечного приступа.

Батюшка, но ведь вы мне сказали, что я проживу еще много лет, — возразил тот. — Как же вы теперь говорите, что вчера я мог умереть?

То, что я тебе сказал, верно, — ответил старец. — Лампада твоей жизни имеет масла на много лет. Но если ты ее уронишь, масло разольется и лампада погаснет. Такова жизнь! Бог нам дает многоценный дар жизни; мы его принимаем и обязаны оберегать, а не подвергать бессмысленным опасностям. Будь осторожен со своей лампадой!

Иллюзия счастья.

В одном городе живут две молодые женщины. Их объединяет дружба. Одна из женщин всей своей семьей в ресторане отмечает праздник. Приглашает она и свою подругу. По семейным обстоятельствам та приглашение не принимает.

И вот в разгаре празднества, женщина видит мужа своей подруги с другой дамой. Подойти к нему не смогла. Сказать подруге очень хочется, но боится.

Боится, что их дружба из-за этого может разрушиться. Эта история меня опять в очередной раз развернула к нашей безответственности. Мы в любых ситуациях ищем **не решение, а виноватого**. Я боюсь сказать правду, так как буду виновной в драме. На моих глазах рухнет счастье других людей. И все из-за меня. Ведь это я принесла в их дом дурную весть. Но так ли это? Возможно , что конфликт назрел уже давно. И как нарыв готов лопнуть. Просто участники закрывают глаза и намеренно создают такие ситуации для поиска виноватых. Тогда так все красиво. Как в дамском романе. У меня счастливая жизнь. Я его так любила. А тут пришла злая женщина и все разрушила. Счастье чужими руками. Возможно ли быть счастливым и при этом ничего для своего счастья не делать? Мы так привыкли к бесплатному, что даже для себя ничем не хотим пожертвовать. Ни своим комфортом, ни временем, ни вниманием. Наше счастье это наша зона ответственности. И ничья больше. И для этого придется поработать, чтобы разобраться в своей жизни. Чего действительно мы хотим? Я стремлюсь к лучшему или только внушаю себе, что стремлюсь? Пора переходить от слов к действиям. Перестать искать себе оправдание за свое ожидание и бездействие. Увидеть свою ценность через шаги которые мы предпринимаем. Корректируя их, доводя их до тех результатов, которые принесут нам радость. Наша ценность это наши действия!

Каким тебя видят люди?

Родители, переживая за нас, запрещают нам что-то. Причина их переживаний в том, что они видят худший сценарий развития потенциального события.

Вырастая, мы перенимаем эту модель поведения. Мы привыкаем постоянно быть в напряжении и переживать от постоянного ожидания чего-то плохого.

Даже если сейчас в нашей жизни все хорошо, то все равно внутри сидит гнусавый червячок, который ждет пакостей. Жизнь в стрессе становиться нормой для нас. У нас вырабатывается привычка все знать. Мы знаем как достигать своих целей. Только это «как» не можем перевести в разряд действий. Получая информацию, наш ум отождествляясь с чужим опытом успеха, посчитал, что уже на вершине, ему этого достаточно. Так как знает, как получить желаемое. А раз все знает, то наступает успокоение. Пол дела сделано, куда торопиться? И все, время как и сам процесс затормаживаются. Мы потихоньку сдаем позиции и отступаем. И говорим заветную фразу: «Я так и знал, что этим все и закончиться». Так, мы приняли окончательное решение дальше не двигаться. Что же произошло? Мы привыкли обмениваться. И наивно полагаем, что можем обменяться и опытом. Не можем. Мы можем опыт только прожить. Просто поклоняясь чужому опыту и не применив его на себе, мы пребываем в иллюзии знания. Такой опыт не наш и мы не знаем достоверно, а так ли верна эта информация именно для нас. Прочувствовать, трансформировать знание по своему, самым уникальным для нас способом и образом. Приобретать свой опыт и усовершенствовать его. В этом наша задача и предназначение. А прожив свой опыт, явить его миру через информацию или свои достижения. Ярко и красиво заявить о себе и вдохновить других на проживание своего уникального опыта. Быть маяками радости и света.

Мы едины.

Недавно мне попалось объявление вот такого содержания. «До лета осталось не так уж и много. Многие хотят летом выйти на пляж и покрасоваться своим красивым телом. В тренажерном зале аншлаг! Зал битком. Все нацелено на то, как быстро и грамотно создавать классное и сексуальное тело. Внедрив эту систему в свою жизнь, уже летом на пляже вы будете ловить на себе восхищенные взгляды противоположного пола». Читаю и вдруг осознаю, что я откликаюсь на фразу «ловить восхищенные взгляды». Всем нам хочется выглядеть красиво в любой ситуации. Причем выглядеть красиво для другого. Мы хотим заполнить собой - и свое и чужое пространство. Чтобы 24 часа в сутки думали только о нас. Нам становится тесно от самих себя. Мы постоянно в соперничестве: кто круче, кто умнее, сильнее, богаче... Испытываем радость только тогда, когда все и все для нас, мы в центре внимания. Когда нам говорят то, что мы хотим слышать. И нам плохо, когда это внимание со стороны других людей уменьшается из-за того, что им самим оно необходимо. Мы противимся этому. Наше эго всегда голодно. Сегодня оплачивала квитанции в сбербанке и меня обслуживала девушка операционистка. Мой вопрос требовал ее времени и желания помочь мне. И она дала то, что мне было так необходимо. Ее спокойствие, терпимость и доброжелательность показали мою ценность. Она делала это для меня. Благодаря ей моя самооценка поднялась. Зайдя после этого в магазин, я увидела входящего мужчину. Он был весь увешан авоськами. Я остановилась и подержала ему дверь. Я создала его ценность. Возможно он также вдохновиться на создание ценности для других. Так, вдохновляя друг друга, мы запускаем волну. Мы становимся продолжением друг друга. Мы - едины.

Я зарабатываю свободу.

Уделяя чрезмерное внимание чему-то одному, мы вносим неуравновешенность в нашу жизнь. Другое начинает страдать от недостатка нашего внимания. Я всегда себя считала трудоголиком. Все мое время уделялось работе. Постепенно семья отходила на задний план, работа вытесняла ее. Моим близким необходимо было мое участие. А я продолжала снабжать своей энергией только одну сферу своей жизни — работу. Сфера семьи, лишенная моего вдохновения, начала сжиматься и чахнуть. Ради чего я так усердствовала? Я зарабатывала себе свободу. Наивно полагая заработать на всю оставшуюся жизнь, чтобы иметь свободу заниматься семьей и тем, что хочется. Такое заблуждение приводит к опустошенности. Дети выросли, а ты в погоне за свободой лишил себя радости, быть частью их переживаний и достижений. На первое мая ездила на дачу. С внуком учили английский язык. Я получала удовольствие от себя. Мои знания оказались востребованы и мы получили пятерку. Когда ты не убегаешь, прячась за своей занятостью, а говоришь «Да», в итоге это приносит удовлетворение. Происходит переоценка ценностей. Не надо бежать сломя голову в светлое будущее. Оно уже прямо здесь и сейчас. Просто остановись. Почувствуй свободу этого момента. Когда ты перестаешь потакать себе в своих привычках — быть занятым, злым, жадным....Ты обретаешь свободу.

Жизнь нельзя отложить на потом. В следующий раз, когда вы по привычке, попытаетесь отложить то, что идет к вам,спросите себя: "Почему не сейчас? Для чего я себе запрещаю получить это прямо сейчас?"

Секрет творчества.

Сегодня разбирая свою электронную почту, увидела как я откладываю дела на потом. В каких-то письмах были записи вебинаров, на которых я не могла присутствовать. Я их скачала и аккуратно разложила по папочкам. Зачем слушать сейчас, если есть запись и можно послушать когда угодно. Вот так и в общении с людьми. Когда есть сложившийся образ человека. Ты как — бы знаешь наперед что он скажет. Зачем слушать сейчас, я и так знаю, что он может мне сказать, ничего нового я не услышу, послушаю в следующий раз. И быстро прерываешь собеседника, прикрываясь своей занятостью. Хочется новизны, быстрей поставить точку и заняться чем-то новым. Как будто новизна это секрет. Секрет, который вне меня и действует как искушение. Искать, узнавать новую информацию. Получая очередное разочарование. За новой оберткой, все тоже самое. Что же я ищу. Я ищу свой талант, свое творчество. Раньше я считала, что творчество - это проявление себя через музыку, рисование, пение, и удел немногих, избранных. Сейчас я вижу творчество - как познание себя и оно доступно каждому. Познавая, ты взрослеешь и берешь ответственность за свое творчество, за свое исследование своего опыта. Оставаясь раненным ребенком в душе, я требую помощи и поддержки из вне. Я вижу мир полным несправедливости. Я ничего не делаю плохого, а моя жизнь от этого не улучшается. Ребенок не осознает, кто делает его жизнь лучше, кто автор тех событий, которые происходят в его жизни. Только взрослый может быть осознанным и ответственным за свою жизнь. Беря ответственность ты обретаешь свободу. Больше нет поддержки из вне, она внутри тебя. Только так ты можешь стать осознанным творцом своей реальности . Мне все еще страшно отпустить своих наставников. Хотя я чувствую всем своим сердцем, мое время пришло. Я тот, кто творит и тот, кто проживает свое творение. Я экспериментатор, который ставит опыт и я сам опыт. Познавая и трансформируя то, что мне не нравиться, я создаю новое. Именно трансформация дает новизну. Так прожить жизнь могу только я. Жизнь каждого из нас уникальна в ее исследовании нами. Секрет возникает, когда я пытаюсь проживать свою жизнь механично, подстраиваясь под чужой результат, имитируя чувства, которые на самом деле я не испытываю.

Мир, в котором мне ничто не угрожает.

Наша жизнь полностью лишена покоя. Просто есть небольшие передышки. Мы собираем свежую информацию, применяем ее для решения своих проблем и нам кажется, что мы делаем что-то новое. Мы ищем технику. Любая техника подразумевает, что за ней скрыт некий секрет, тайна избавления. У тебя возникла боль в теле и ты с азартом включаешься в эту игру. Бежишь в аптеку, к врачу, в больницу, ищешь всевозможную информацию о самой боли и способах ее устранения. Ты вооружен и сам себя напугал. Жизнь стала достаточно сложной. У тебя появилась неразрешимая проблема из-за неправильного подхода. Ты начинаешь ее кормить своим вниманием. Чем больше борьбы и внимания ты ей уделяешь тем больше и жирнее она становится.

Необходимо не приумножать, а вычитать. Признать все «плохое» в нашей жизни. Признать с любовью. Перестать использовать свою **волю** на борьбу и ограничения. А **позволить** себе быть прямо сейчас здоровым и процветающим. Это так просто. Но мы не позволяем себе просто быть, мы еще не совершенны. Вот когда я стану здоровым и богатым, вот тогда будет можно и пожить. Неужели наше предназначение это бесконечная борьба с нашими ограничениями? Выход там же где и вход. Я выхожу из этой игры. Я разрешаю и повелеваю Любви, Здоровью, Богатству и Процветанию проявиться в моей жизни!

Все сложно...

Прошло больше месяца с момента написания предыдущей статьи. Я уже полагала, что это последняя статья, так как меня захлестнула волна апатии. Мне не хотелось писать и вообще как - то себя проявлять. Не было смысла в этом бесконечном водовороте повседневности. И вот сегодня, знакомое внутренне желание — выйти из изоляции, проявить себя и раствориться в этих строчках. На глаза попалось высказывание, что цели необходимо ставить исходя из своего предназначения. И приводилась статистика, что у 97% человек нет цели. Думаю, что у нас у всех есть цели, раз мы находимся все еще на планете. Просто у многих из нас цели очень обмельчали до повседневности. Мы находимся в рамках выживания. Забыли о своем предназначении и не признали свой талант. Разбирая свое отношение к таланту, я увидела, что талант у меня ассоциируется со сложностями, идти к которому очень СЛОЖНО. Именно сложность была путеводной звездой. Выбиралась та дорога, где есть сложности. Преодоление которых позволяло гордиться собой и повышало мою самооценку. Поэтому в моей жизни были такие не простые взаимоотношения во всех сферах. Для того, чтобы двигаться вперед необходимо принять то, что у тебя есть. Я принимаю свой талант создавать сложности на ровном месте. И отпускаю. Отпускаю свою гордость, которая прочно сидела в сложностях. Ты должен быть святой: всем угождать, для всех быть хорошим, быть как все, делать то, что хотят от тебя другие, даже если тебе это не нравится. Согласитесь, такому человеку сложно жить, всегда найдется кто-то, кто будет не доволен твоими поступками и действиями. Наша задача не развлекать других, угождая, а расти и развиваться самим. Видеть какие качества в себе мы хотим развить и сделать это своей целью.

Тупик.

Когда в нашей жизни наступают трудные времена и встает необходимость решать возникающие проблемы, мы как правило выбираем ничего не делать.

В этот самый момент в нашей жизни появляется некто, у кого ситуация еще хуже. И твой внутренний голос тебе говорит: «Посмотри, как другие живут. У них нет того, что есть у тебя. Поэтому успокойся и живи дальше.» Проблема не решена, а просто на время устранена из нашего виденья. И так за свою жизнь мы их накопили целый воз и маленькую тележку. Причем во всех сферах своей жизни. Нам кажется, что **достаточно** поговорить о своей проблеме с другими и она решиться каким-то чудесным для нас образом. Нас учили, что «Я» последняя буква в алфавите. Есть такой афоризм — сапожник без сапог. Это был замечательный сапожник, который все время шил сапоги для других. У него не было времени на себя. И мы, как этот сапожник, выстраиваем свои отношения, пытаясь занять свое место в сердцах других людей. Нам стыдно позаботиться в первую очередь о себе. Мы кидаемся спасать чужую жизнь, решать чужие проблемы. Ожидая, что и окружающие нас люди поступят так же. И виним их, если они этого не делают. Только мы забываем о том, что мои проблемы, это моя зона ответственности за свою жизнь. Они вышли из меня и для меня. Это мои учителя, мои пинки из состояния застоя. Из-за отсутствия опыта решения проблем, даже самая маленькая проблема имеет над нами власть, она ставит нас в тупик, в безвыходную ситуацию. Мы не действуем, так как в нас нет страсти к тому, **что** мы делаем и **для кого** мы это делаем. Нет нас. Мы хотим быть хорошими для других. И решая их проблемы, мы не улучшаем наши взаимоотношения, а разрушаем. Вначале возможно мы получим слова благодарности, а затем это перерастет в наш долг перед другими. Наша жизнь, это наши мысли о себе и окружающем нас мире. Если мы решаем те вопросы, которые возникают в нашей жизни, то наше состояние - это состояние гармонии с собой. Мы удовлетворены. Мы нашли решение. Улучшили себя, а следовательно и ситуацию. Так мы учимся достигать своих целей. И мы можем помочь в решении проблем другим людям, так как сами достигли успеха в решении своих. Проблемы — это наш рост, а не наказание. Есть такое выражение - Расти или умри. Мы либо прозябаем, либо становимся лидерами для себя. Или улучшаемся или умираем. Все в жизни подвергается изменениям, ничто не остается вечным.

Держись, детка.

Как часто мы боимся рискнуть сделать что-то, что выходит за рамки общепринятых норм. Когда я делаю то, что не делает никто в моем окружении, я чувствую себя одиноко. Именно чувство одиночества не дает действовать, блокирует свободу. Корни этого чувства в далеком детстве. Когда тебе было страшно, мама берет тебя за руку и крепко держит : «Держись, детка». Ты обретаешь покой и веру, что пока тебя поддерживают те, кто сильнее, мудрее, опытнее тебя — все будет хорошо. Приобретя эту привычку, опираться на поддержку из вне — ты приобретаешь костыли. Вроде и ходить можешь, но с опаской и оглядкой на мнение окружающих. Это твоя опора и надежда. Вот **только твоя ли?** Возникает конфликт между тем, что хочешь ты и тем, что хотят от тебя окружающие. Хочется свободы действия и страшно упасть. Ведь падение происходит от того, что тебя было некому поддержать — взять крепко за руку. Падать больно и это ранит. И мы — бежим. Бежим от самих себя в объятия мужчин, женщин, друзей, детей....Мы полностью растворяемся в этих отношениях, где каждый пытается решать свои проблемы зависимостью от другого. Деньги, власть — так вожделенны для нас. Мы влюбляемся в них и страстно их желаем. Причина та же — страх быть наедине с собою. Мы можем купить общество друзей, подруг, спутника жизни.

Мы убегаем от себя все дальше. И уже все сложнее услышать ответ своего сердца на вопрос: «Кто я? Для чего я здесь? Каково мое предназначение?» Мы в ожидании обещанных нам чувств и поддержки. Вся наша жизнь превращается в сплошной контроль за другим. Пусть даст то, что обещал. Так мы перестаем давать и хотим только получать. Мы потребители. Вот почему многие техники об увеличении своего благополучия не работают. Все они основаны на вселенском законе изобилия, вначале дай и получишь за дела свои. Наша свобода в взращивании в себе внутреннего богатства и зрелости.

Победа. Жизнь на грани своих возможностей.

Победа! Как приятно побеждать. Ты получаешь признание, что ты лучший из лучших. Тебя осыпают лаврами и тебе рукоплещут. Ах, как сладок **миг** победы.

А теперь давайте отмотаем назад. И посмотрим, что же осталось за кадром, чего не видит зритель наблюдающий за этим действом. А позади остались **ежедневные** тренировки через не могу и не хочу. До пота, до крови и изнеможения. Ежедневная жизнь на пределе своих возможностей. Каждый день ты побеждал себя. Возможно, ты принял решение посвятить себя целиком и полностью изучению иностранного языка, улучшить свое тело или стать экспертом в области продаж. Не имеет значение, **Что** ты решил изменить, важно **Как** ты решаешь задачу, которую сам себе поставил. Сколько времени **сегодня** ты уделил своему перевоплощению? Мы ставим задачи из своего неудовлетворения собой или текущей ситуацией. Не потому, что мы «плохие», а потому что уже переросли эти задачи, они для нас уже старые. Мы уже знаем как их решать, а новую планку не поднимаем, ограничивая себя тем, что имеем.

Так сколько времени сегодня ты уделил своему желанию улучшить себя, изменить текущую ситуацию? И возможно ты отвечаешь, что именно вчера ты занимался этим вопросом. Но победа не статична, это циклическое состояние. Это непрерывный процесс. Одержав ее, процесс начинается снова и снова.

Что это значит? Наступает новый день и тебе придется забыть, что было вчера. Именно сегодня тебе заново необходимо победить себя и подтвердить своими действиями истинность своего желания. Как спортсмен наращивает мускулы, так ты наращиваешь силу своего намерения. Разогнав которую уже не остановить. И ты уже как мощная волна, сметаешь все преграды и препятствия на своем пути. Ты - Победитель!

Способ измерения времени — деньги.

Для чего человек все, что видит и все с чем соприкасается, хочет обернуть в свою собственность? Владеть единолично. Быть власть имущим. Как долго длится наша власть **над** нашими приобретениями? Год, месяц, неделю, день..Мы пытаемся владеть временем, быть неподвластны ему. И мы проигрываем эту битву со временем, так как принимаем время, как некий срок эксплуатации. Который заканчивается как только появилась новинка. Все, предыдущая модель устарела. В утиль ее. В современном мире промежуток между старой вещью и новой очень быстро сокращается. Не успев насладиться покупкой и разобраться в ней, как ты уже слышишь , что твой друг приобрел самую последнюю модель. И ты уже владелец старья. А значит закончилась твоя власть. Появился кто-то, кто приобрел более новую модель и он хозяин положения. Это желание приобретать возникает в нас для удовлетворения своей потребности в признании. Нас признают когда мы собственники, власть имущие. А истинно владеть мы можем только своими талантами и дарами с которыми мы пришли на эту планету. И наша ответственность перед собой узнать, что это за таланты, взрастить их и дать миру. На мой взгляд у нас два пути к признанию себя как творца.

Первый путь, где Время - Деньги. Тогда в нашей жизни постоянная нужда. Нужда во власти, нужда в эксплуатации. И в наших взаимоотношениях действует принцип — раз тебя угнетают, то и ты угнетаешь. Мы становимся механическими человечками. Нам нечего дать, мы можем только покупать самые последние товары. А если не можем, то впадаем в драму и отчаянье.

Второй путь, где Время это Искусство. Ты раскрываешь в себе творца. Ты находишь свои сильные стороны и уникальные способности. Ты оттачиваешь свое мастерство и становишься тем, кем хочешь стать. Не легко достучаться до себя истинного. Но может стоит попробовать?

Безопасность - это рост или остановка?

Вам знакомы фразы: «Доставь мне радость, сделай это для меня, закончи университет.» « Не разбивай мне сердце, выйди замуж за Михаила. Вы с ним хорошая пара. И я буду спокойна за тебя.» Счастье чужими руками. Нам запрещают жить своей жизнью, идти своей дорогой. Манипулируя нами на наших чувствах. Ну кто захочет разбить сердце самому близкому человеку? И мы приносим свои жизни в жертву, ограничивая себя желаниями своих близких. И наша жизнь уже находиться под их строгим контролем. Конечно, желания наших родных продиктованы самыми лучшими побуждениями, обезопасить нас. Но тем самым они пытаются нас лишить самого дорого, нашего личного опыта. Нашего индивидуального движения. Того движения, которое можем совершить только мы и никто другой. Не имея своего опыта и навыков, мы должны совершать ошибки. Даже просто для того, чтобы усвоить информацию и понять механизм, как мы можем придти к тому результату, который мы хотим.

А вместо этого мы постоянно слышим угрозы- не совершай моих ошибок, я бы на твоем месте этого не делал ... Посмотрите, как растет дерево. Оно вырастает таким высоким, каким только может. И оно не останавливается для того, чтобы подумать - правильно оно делает или нет. Мы не можем расти без приобретения опыта. А опыт невозможен без нашего падения и наших ошибок. Никто не может быть счастлив за другого. И нет безопасности в работе, карьере или в том, что нас кто-то предостережет. Все это мы можем потерять. Кроме веры в себя. Безопасность в нас самих, которая растет и крепнет в нас с приобретением опыта и проходя через ошибки и поражения.

Я есть сама Любовь!

Для нас уже не секрет, что наши болезни мы порождаем сами своими мыслями. Сегодня я хочу затронуть тему Артрита. И поделиться с вами своим опытом и той информацией которая приходит ко мне, когда я работаю с телом. Артрит — болезнь суставов. Причина этой болезни кроется в не признании себя таким какой ты есть. Со всеми достоинствами и недостатками. Как правило достоинства мы себе оставляем, а недостатки отвергаем.

Вместо любви к себе в нас растут чувства критицизма, обиды и гнева. Постоянно чувствуем, что мы не любимы. И обрекаем себя на вечную изоляцию через чувство вины. Чтобы не быть виноватым, не совершать плохие поступки, мы слишком сужаем свой круг общения и взаимодействия с внешним миром. И становимся замкнутыми и одинокими.

Стиль такой жизни — лучше я отвергну чем меня. Мы смирились с тем, что живем такой скучной, серой жизнью так как привыкли жить со своей внутренней болью, что уже и не замечаем ее.

Вина не уйдет от нас сама по себе. Ее необходимо освободить и отпустить. Все насмешки в свой адрес, горькие высказывания, все о чем вы до сих пор сожалеете, помните и храните в своем уме и теле. Давайте зададим себе вопрос: « Что причинило мне боль в его/ее словах?»

И вы увидите, что причинило боль состояние человека, а не его слова. Он все это сказал находясь в прекрасном расположении духа. Ему было легко и весело. Он был свободен и имел в данную минуту все то, в чем мы себе отказываем. Это пребывать в радости и гармонии с самим собой. Говорить и делать то, что мы истинно хотим. А мы боимся наказания, что если мы скажем то, что мы думаем то нас накажут и не дадут нам любви. Так что же нам мешает быть свободным и не зависеть от старых ран и обид? Отсутствие гибкости. Посмеяться вместе, что возможно сказала глупость и тем самым разрешить себе ошибку.. Вы же человек, а не робот, который знает все наперед.

И что же мы знаем наперед? Ведь это наше будущее, наш завтрашний день, который мы творим своими мыслями прямо сейчас.

Давайте сотрем со своего холста жизни весь этот кошмар, и нарисуем для себя исходя из любви к себе, все самое лучшее. Мы достойны этого.

Мужество.

Чтобы стать успешным нам необходимо сделать выбор в пользу себя. И перестать жертвовать своим драгоценным временем в пользу бесполезных разговоров и пустых жалоб. От этого наша жизнь не станет лучше. Мы остаемся в той же самой точке, где и были несколько лет назад. И нам не хватаем смелости признаться себе в том, что мы находимся там же от куда пытаемся выбраться. В чем причина такой слепоты своего истинного положения? Наша привычка быть в центре всеобщего внимания. Когда мы были детьми наши родители восхищались нами. И мы поверили, что мы лучше своих одноклассников. Что мы самые умные, самые талантливые, самые-самые.

Вот эта самовлюблённость и делает нас слепцами. Мы стали сами для себя тем ограничителем, который не дает нам двигаться вперед. Самому умному уже нечему учиться. Он все знает. Жизнь сразу стала ограниченной, скучнее и беднее. Мы сами себя лишили яркости, радости и богатства жизни. Которые возникают от познания нового, неизвестного еще нам или воспринимаемого нами как чудо. Вместо этого яркого восприятия в нашей жизни поселилась серая рутина, обыденность. Где все предсказуемо, а мы называем это стабильностью. И не хватает мужества просто выйти из этого положения, положения жертвы, слуги и отчаяния.. Возможно стоит попробовать рискнуть своей серой жизнью? Что держит тебя и от чего уже давно необходимо избавиться? Какая ноша тебя пригибает к земле и не дает выпрямиться?

Для чего ты тащишь весь этот старый багаж?

Выход один - наберись мужества выйти из этого состояния. Брось весь этот хлам. Создай свою лучшую жизнь прямо сейчас.

Стань героем для самого себя.

Мы с вами осознали необходимость признать, что для каждого из нас важна только наша жизнь. И важно ее очистить от пустых и бесполезных разговоров и жалоб. Что это значит? Когда ваши дети, родные и знакомые говорят вам о каких-то **ими** принятых решениях, вы не тащитесь за ними в их реальность, а остаетесь наблюдателем в своей. Другими слова вы не позволяете условиям, жизненным обстоятельствам влиять на вас. И наблюдаете за собой, за своими чувствами. И отпускаете все эти чувства текущего момента. Эти чувства-это ваша реакция на текущую ситуацию и ничего более. Не надо приписывать этому ни каких личных оценок и окрашивать в негативные цвета. Просто это то, как вы воспринимаете данный момент. Что это для вас сейчас. Это проблема? Вам необходимо кинуться в это и спасать близких вам людей. Или вы набираетесь мужества просто смотреть на то, как вы себя чувствуете от той информации которую вы слышите. Вы в этот самый момент наделяете себя силой, просто слушать и в то же самое время наделяете силой своих близких, решать самим их ситуации. Вы сильные от того, что можете принять чужое мнение и решение. Перестаньте спасать мир и все человечество. Перестаньте быть самовлюбленными эгоистами. Вы можете направить человека, а не исправить, поддержать советом если его у вас спрашивают, но не требовать беспрекословного исполнения вашей воли. Каждый из нас находиться здесь, чтобы обогатить **себя** опытом и мудростью. Эти дары мы получаем через прохождение различных ситуаций. И получается, что мы обворовываем себя и своих близких пытаясь заставить их делать то, что мы хотим. Причем из самых лучших побуждений. Мы пытаемся облегчить им жизнь. А вместо этого обрекаем на страдания. Душе необходим этот опыт, его прохождение и она будет снова и снова пробовать его пройти . А вы снова и снова будете спасать?

Каждый из нас сам должен пройти свои уроки и собрать свои сокровища. Чем быстрее мы это осознаем, тем легче станет нам и нашим близким. Даже наше тело станет другим. Выпрямится наша осанка, походка станет легче. Мы снимем бремя чужой ответственности. Наша ответственность только перед нами самими. Быть в радости, гармонии и благополучии.

Сила Благодарности!

Наша жизнь похожа на восхождение по лестнице, где каждая новая ступенька манит нас захватывающими обещаниями. И кажется, достаточно достичь этого уровня значимости и в твоей жизни произойдут перемены, как по волшебству.

Сколько длится наша радость от обладания желаемым? - Месяц, неделю, день, возможно несколько часов. А сколько длится наше разочарование? - Порой всю жизнь. Допустим, мы поднимаемся по карьерной лестнице или лестнице любви, взаимоотношений, это может быть лестница финансов или здоровья. И вот, мы получили то, чего так страстно желали и чему посвятили себя через свое время и внимание. В наших руках заветный ключик в виде должности, любимого или той суммы денег о которой мечтали. Так сколько времени будет длиться наша радость? Ровно столько сколько потребуется нам на осознание, что в нашей жизни НИЧЕГО не изменилось. Да, мы получили то, чего хотели, но это не избавило нас от физической и эмоциональной боли. Весь груз неразрешимых проблем остался вместе с нами. Нам больно и мы хотим быстрого решения. Мы хотим покоя. Мы вообразили, что покой в должности, в любимом, в новомодных средствах медицины, в чем угодно только не в нас самих. Мы попали в ловушку иллюзии, что хорошо где-то там, где нас нет. И мы хотим туда. Нас начинает разъедать неудовлетворение собой, тем что имеем. То, что есть сейчас не удовлетворяет стандарт счастья о котором нам говорят с экранов ТВ и других источников информации. Мы раздражены на людей, которые нас окружают, на место где мы работаем...В нас прочно поселилась мысль нужды, нехватки: «Вот если бы я получил..., тогда я бы зажил как человек.» Выход из этого круга - перестать ожидать счастья из вне. Только желаниями делу не поможешь. Надеяться на то, что что-то само изменится, не имеет смысла. Для того, чтобы сдвинуться с места, необходимо - изменить свой образ мыслей.

Заменить привычку обвинять на привычку Благодарить. У каждого из нас есть, что сказать себе, за что поблагодарить. Все в нашей жизни это плод нашего творения. Так неужели он так плох? У нас есть кров над головой, близкие нам люди, наши финансы...Все это наши творения, которые ждут нашей любви и признания. И тогда напитанные любовью они будут приумножаться и расширяться.

Возьми за правило новый день встречать с Благодарности себе за то, что ты уже имеешь, чего уже достиг. И процветание войдет в твой дом.

5 минут, которые творят чудеса.

Мы все равны, когда приходим на землю. У нас у всех равное количество отведенного нам времени. И разница только в одном, мы по разному его используем. Одни ставят задачи и достигают результатов, другие между собой и задачей ставят ряд препятствий. В виде отсутствия времени, неверия в себя и я дойду в одиночку. Все это можно назвать одним словом — саботаж. В глубинах которого кроется наша привычка **только думать о проблеме**. Чем больше думаю, тем больше переживаю, и я в капкане своих собственных мыслей. Изначально я хотела придать себе ускорение для действия через значимость ситуации, а попала под власть контроля над ситуацией. Контроль не подразумевает действие, он ищет виновных. Чтобы с их помощью менять свою реальность. В состоянии контроля я только думаю о том, что мне не нравится и ожидаю изменений без моего участия. Я ожидаю действий со стороны виновных. Почему же так происходит? Я не знаю чего я хочу, не знаю чем заменить проблему. Я так сосредоточена на самой проблеме и своем желании изменить реальность, наказать виновных в моих переменах, что нет осознания, а чего я хочу в замен. Это и есть ограничение. Я сжата в своем мышлении только до образа самой проблемы. Которая прописана до мельчайших подробностей. Но в природе нет пустоты. Мне необходимо нарисовать то, чем я хочу заменить проблему. Чего я хочу. Иначе получается замкнутый круг состоящий только из того, что я вижу, а вижу только проблему. Все мое время, вся моя энергия уходит на борьбу, чтобы изменить свою реальность. Причем только на уровне мышления. И все почему? Я не нарисовала выход. Чего я хочу в замен. Поменяй свое мышление с «я хочу изменить свою реальность» на «я есть эта реальность». Перестань бороться с тем, что уже есть. Не нравиться, сосредоточься на том, а что бы я хотела взамен. Переключи свое внимание на новый образ. Уделяй ему время каждый день. Пусть это будет вначале 5 минут, но каждый день. Дай ему окрепнуть и заполнить собой твое внутренне пространство и тогда он проявится во вне. И ты сотворишь чудо. Ты станешь этим образом и у него не будет другого выхода как только проявиться во вне.

Изменив свое сегодняшнее состояние, ты изменишь свое будущее.

Сегодня, я предлагаю вам по новому взглянуть на свои проблемы и задачи стоящие перед вами в повседневной жизни. Если вы уже использовали множество практик и техник, которые не принесли долгожданного результата, то проблема кроется в самом восприятии ситуации.

Как вы ее воспринимаете, из какого эмоционального состояния вы смотрите на нее. Что вы чувствуете? Какую роль в этой ситуации вы себе отвели?

Например, вы хотите изменить свой ежемесячный доход. Поднять его на уровень 10 000$. Но что-то не пускает вас на этот уровень. Посмотрите что это.

И это что-то это вы, ваше состояние. То, как вы будете чувствовать себя, когда будете иметь эту сумму в размере 10 000$. Ваша вибрация, ваша энергетика на низкой частоте. Вы вибрируете ниже вибрации 10 000$.

Следовательно необходимо осознать, что за чувство вам мешает (не пускает) получить то, что вы хотите.

Спросите себя: из какого эмоционального состояния я смотрю на свой ежемесячный доход в 10 000$? Запишите ответ.

Какую роль я играю в этом состоянии? И так же запишите ответ.

Так вы сможете сделать квантовый скачок в своем осознании, а следовательно и в своей жизни. Изменив свое сегодняшнее состояние, вы измените свое будущее.

Моя цена.

С помощью цены мы оцениваем себя, достойны мы чего-либо или нет. Именно этот критерий - достоин, не достоин - создает в нас границы (ограничения).

Все, что мы считаем дорогим для себя и запрещаем себе иметь, мы научились презирать. И это презрение скрыто за фразами: "Ни очень то и хотелось. Подумаешь...Зато у меня есть..."

Ловушка презрения скрыта в том, что на самом деле я очень этого желаю, а делаю вид, что не хочу. И презирая что либо, а в данном случае богатство, мы сами становимся для него невидимы. Мы не видим его цены, ценности для себя.

Почему? Потому что получив желаемое, я буду другая. Я буду выделяться из того окружения в котором живу, общаюсь, работаю. Я стану заметной, видимой и ...в меньшинстве.

Бывали у вас в жизни такие ситуации, когда вы были приглашены в компанию друзей и так получилось, что вы пришли без пары? Вы чувствовали себя не комфортно, **неполноценно**. И возможно сожалели о том, что вообще пошли на праздник. И наше тело запомнило это состояние меньшинства, так как оно причинило нам боль от той **неполноценности**, которую мы испытали от того, что у нас не было пары. А следовательно не было и счастья.

А теперь задайте себе вопрос - Кто или что делает меня счастливым? Запиши ваш список счастья. Это ваши ценности, без них вы чувствуете себя неполноценным. Возможно вы увидите, что пришло время пересмотреть свои ценности и поднять их на новый, более высокий уровень.

Составьте новый список того, что будет вас вдохновлять на то, что бы вы чувствовали себя хорошо и радостно! А главное- внедрите это в свою жизнь!

Сеанс ясновидения ценою в 52 000 рублей.

Хочу поделиться с вами своей историей, которую рассказала мне свекровь. Я благодарна ей за эту историю, так как она мужественно прошла ее и помогла мне увидеть себя и свои ограничения. Ее очередной раз обокрали. Причем женщину, которая так изящно это сделала она привела домой сама и сама же отдала свои сбережения.

И так история. Ее остановила на улице женщина и стала говорить о том, что она является ясновидящей. И она видит, что есть проблемы с позвоночником и ряд других проблем, которые та сама вылечить не сможет. Так как здесь на лицо явный сглаз. И она может помочь, причем совершенно бесплатно. В этот момент эту ясновидящую окликает мимо проходящая женщина. Этот фактор и послужил тем, что ей можно верить. Свекровь откликнулась на это предложение. Так как испугалась дурного глаза. Сглаз требует очищения пространства, где живет человек, а следовательно необходимо придти домой, что они и сделали. Ясновидящая провела целительный ритуал сначала с хозяйкой квартиры, затем с самой квартирой. В процессе очищения она работала с бумагой. И наконец принялась очищать все сбережения, которые имелись. Деньги были завернуты в бумагу и перевязаны нитками, после чего подверглись обработке. Затем убраны подальше и 3 дня никому говорить об этом действе было нельзя. Свекровь выдержала этот промежуток. А после рассказала своей соседке по площадке. Та, сразу ее отправила домой, чтобы та проверила, сколько денег не хватает. Оказалось, что не хватает полностью всей суммы. Бумажный пакет был пуст.

Свекрови 88 лет, она житель блокадного Ленинграда, работала на военном заводе, где выпускались танки. В разговоре она повторяла: «как можно у старого человека, блокадника было украсть?» Это ее образ себя. И тут я увидела свою достаточность. Достаточно быть старым и больным и это твой талисман, от воров и прочих неприятностей. Так же как достаточно выйти за муж и твоя жизнь станет сказкой. И для разрушения этих иллюзий мы получаем вот таких ясновидящих или мужчин альфонсов. Ну и конечно вышла опять обусловленность. Пока она не знала, кто на самом деле эта женщина, она ей верила, ей было приятно и хорошо. Как только ситуация приняла другой оборот, то женщина превратилась в тетку и воровку. Другими словами я не несу никакой ответственности, меня просто нет. Любой может делать в моей жизни все, что угодно. Если все хорошо, то хорошо, а если нет, то ты и виновен. И последний момент, который я вижу.. Это скромность. Скромность, коротая нас и обворовывает. Свекровь сама знает массу оздоровительных техник и практик, имеет всевозможные приспособления, помогает другим, причем весьма успешно, да и сама в очень хорошей физической форме не смотря на свой возраст. А вот нет веры в себя так как нет дипломов (достаточно иметь диплом и ты целитель?) и ты готов поверить на слово совершенно незнакомому человеку.

Что мешает достичь желаемого?

Задумайтесь и задайте себе вопрос: "Что мешает мне достичь желаемого результата?" Как часто вы ставите себе задачи, а затем откладываете их решение? Еще вчера вы были настроены самым решительным образом, а сегодня все улетучилось, как будто ничего и не было. Что мешает?

А мешает и не дает прорваться наше тело. Мы так сильно отождествились с телом, что забыли кем мы являемся на самом деле. Мы постоянно думаем о теле, как повкуснее его накормить, сделать так чтобы ему было тепло и комфортно. И уже тело из инструмента, сосуда для духа превратилось в нашего хозяина и господина. И теперь оно говорит, что нам делать и как делать.

А телу хочется испытывать постоянное чувство новизны. Сделать все по быстрее, чтобы взяться за новое. А ничего нового нет. Просто делай то, что делаешь с каждым разом все лучше и лучше. Расти в этом процессе, в этом и будет новизна. Новизна в нас самих. Что я сделала сегодня, чтобы стать чуточку лучше чем вчера? Я первая сделала шаг на встречу и начала разговор, сказала "Да" вместо привычного нет?

И парадокс заключается в том, что хочешь быть богатой и ничего для этого не делать, хочешь общаться и ждешь кто первый начнет, хочешь ездить на машине, но не хочешь заниматься ремонтом и так во всем. Видишь только один фрагмент — который связан с удовольствием от обладания, удовольствием от результата.

А процесс, путешествие к этому результату выпал. А важен именно процесс, именно на этом этапе мы растем, взрослеем, становимся другими. Преодолевая себя, свои страхи, сомнения и неуверенность. И эту сторону жизни мы не хотим видеть. Почему? Потому что мы чувствуем с помощью нашего тела. Мы чувствуем всю гамму чувств, одно чувство в процессе плавно перетекает в другое, а наш ум все разделяет и фиксирует. И мы думаем, что можем выбрать чувствовать только радость или только любовь, а гнев, печаль, боль не буду чувствовать, я запрещаю себе эти чувства. И что происходит. В теле записано, когда я испытывала очень сильное чувство радости. И это чувство было очень сильным от новизны, обладания новой вещью. Не от своего процесса творения, а от результата чужого труда. И плюс ко всему у нас так принято, что получать радость от труда это что-то постыдное и в теле опять записалось — труд, сам процесс труда это плохо.

И тело нас спасает от любого состояния где необходимо действовать. На нас нападает скука, апатия, лень. Мы благополучно ушли от процесса деланья в состояние ожидания, что все как нибудь утрясется, уляжется . Что все как нибудь само произойдет.

Друзья не произойдет, не утрясется и не уляжется. Становитесь хозяином своего тела, а следовательно и своей жизни. Начинайте делать маленькие шаги первыми, не ожидая, что их сделает кто-то за вас. И самое главное не останавливайтесь, а продолжайте свои попытки снова и снова. Не жалейте себя.

Делай, не смотря ни на что!

Недавно на фейсбуке мне попалась статья - Нонконформизм. "История русского искусства в 15 картинах".

Меня потряс внутренний мир этих непризнанных художников. Которые продолжали писать несмотря на то, что общество их отвергло, они находили в себе смелость продолжать заниматься тем, что считали для себя необходимым. И мне кажется, что это и есть свобода. Свобода и независимость от каких либо обстоятельств. Они просто получали удовольствие от самовыражения и делали это для себя. Они были свободны даже от своего желания будут ли они признаны или нет. И их жизнь, их пример — это посланием нам. На сколько ты предан себе, своей мечте, зову своего сердца?

Нонконформизм. Под этим названием принято объединять представителей различных художественных течений в изобразительном искусстве Советского Союза 1950-1980-х годов, которые не вписывались в рамки социалистического реализма – единственного официально разрешенного направления в искусстве.

Художники-нонконформисты были фактически вытеснены из публичной художественной жизни страны: государство делало вид, что их просто не существует. Союз художников не признавал их искусства, они были лишены возможности показывать свои произведения в выставочных залах, критики не писали о них, музейные работники не посещали их мастерских.

Олег Целков "Голгофа" 1977

"Мне совершенно не нужно выставляться сейчас. Вот через полвека мне будет крайне интересно показать свои работы. Сегодня я окружен такими же дураками, как я сам. Они понимают не больше меня. Люди пишут, чтобы что-то осмыслить. Рукой художника движет не стремление выставиться, а желание рассказать о пережитом. Когда картина написана, дальше я над ней уже не властен. Она может остаться живой или погибнуть. Мои картины – это мое письмо в бутылке, брошенной в море. Может, эту бутылку никто никогда не поймает, и она разобьется о скалу".

Николай Вечтомов "Дорога", 1983

"Моя жизнь – это создание собственного художественного пространства, которое я всё время стремился обогатить и для этого многое пробовал. Я понял, что каждый из нас всегда наедине с катаклизмами XX века."

"Мы живем в темноте и уже свыклись с ней, вполне различаем предметы. И все же свет мы черпаем оттуда, из сияния закатного Космоса, он-то и дает нам энергию видения. Поэтому для меня важны не предметы, а их отражения, ибо в них таится дыхание чужеродной стихии."

Владимир Немухин "Незаконченный пасьянс", 1966

"В 58-м году я начал делать свои первые абстрактные работы. Что такое абстрактное искусство? Оно давало возможность порвать сразу со всей этой советской действительностью. Ты становился другим человеком. Абстракция это, с одной стороны, как бы искусство подсознания, а с другой — новое видение. Искусство обязано быть видением, а не рассуждением".

Брин Браун: Сила уязвимости.

Друзья, хочу представить вам выступление Брин Браун, на TEDx в Хьюстоне, где она делится глубокими выводами из своего исследования, благодаря которому она ступила на путь самопознания и понимания человечества.

Брин Браун изучает человеческие отношения - нашу способность сопереживать, принимать, любить. И так встречайте, Брин Браун!

Мы здесь ради отношений. Отношения — цель и смысл нашей жизни. Отношения -это способность ощущать привязанность, это то, почему мы здесь.

Когда я изучала отношения, я наткнулась на это безымянное понятие, которое раскрыло отношения с такой стороны, которую я не понимала и никогда не видела. И оказалось, что это стыд.

Что подкрепляет чувство стыда, это выражение: «Я недостаточно хорош.» Я недостаточно светлый. Я недостаточно стройный, недостаточно богатый, красивый, умный, продвинутый. В основе стыда лежит сильнейшая уязвимость, мысль о том, что ради того, чтобы отношения состоялись, мы должны позволить людям увидеть нас, какие мы на самом деле. Это наш страх того, что мы недостойны отношений.

Стыд - это страх утраты отношений. Есть ли во мне что-то такое, что если люди об этом узнают или увидят, то я не буду достоин отношений с ними?

Похоже я поняла, что такое стыд и вот как он работает. Если взять людей и разделить их — у которых на самом деле есть чувство достоинства, у этих людей сильное чувство любви и принятия — и на людей, которые борются за это, людей, которые сомневаются, насколько они хорошие. Была только одна составляющая, которая отделяла людей, у которых есть сильное чувство любви и принятия от людей, у которых с этим большие трудности. И она заключалась в том, что люди, у которых есть сильное чувство любви и принятия **верят** в то, что они достойны любви и принятия. Вот так! Они просто верят, что они этого достойны. То, что нам мешает в отношениях — это наш страх того, что мы недостойны отношений. Люди, которые достойны отношений **искренние**. Их жизнь проистекает из глубинного чувства достоинства. Им присуще мужество. Мужество происходит от латинского слова cor, что означает сердце и первоначально оно означало — рассказать историю о том, кто ты, от всего сердца. У этих людей было мужество быть несовершенными. У них было сострадание, чтобы быть добрыми в первую очередь к себе и затем к остальным, потому что, как оказывается невозможно испытывать сострадание к остальным людям, если мы не можем относиться по-доброму к себе. У этих людей были отношения, и вот в чем сложность — как результат своей искренности, они были готовы отказаться от того, какими они должны были стать, по их представлениям, ради того, чтобы быть теми, кто они есть на самом деле, а это непременное условие для того, чтобы отношения состоялись. У таких людей было еще кое-что общее. Они полностью приняли уязвимость. Они считали, что то, что сделало их уязвимыми, сделало их прекрасными. Они говорили о готовности сказать первыми «я люблю тебя», о готовности делать что-то, когда нет никаких гарантий. Они готовы вкладываться в отношения с человеком, с которым возможно, сложится, а возможно и нет. Жить надо не бояcь быть уязвимым, и перестать контролировать и предсказывать. Уязвимость, это то, откуда исходит стыд и страх и наша борьба за значимость, но оказывается, из нее также рождается радость, творчество, принятие и любовь. Есть люди, которые осознав важность уязвимости и нежности, перестают им противиться и начинают так жить. Что мы делаем с уязвимостью? Почему мы так сильно боремся с ней? Одинока ли я в борьбе с уязвимостью? Мы подавляем уязвимость — когда ждем звонка, когда необходимо просить мужа о помощи, потому что я заболела, а мы недавно поженились, проявить инициативу в сексе по отношению к мужу, по отношению к жене, получить отказ, звать на свидание, ждать, пока доктор не перезвонит, получить вынужденный отпуск, отправлять в вынужденный отпуск — это мир, в котором мы живем. Мы живем в уязвимом мире. Мы пытаемся справиться с этим, подавляя уязвимость с помощью долгов, ожирения, зависимости от лекарств. Невозможно избирательно подавлять эмоции. Нельзя сказать, вот это для меня плохо, вот уязвимость, вот горе, вот стыд, вот страх, вот разочарование. Я не хочу это чувствовать. Нельзя подавлять эти тяжелые чувства, не подавляя последствия, наши эмоции. Их невозможно заглушить избирательно. Итак, когда мы их подавляем, мы подавляем радость, подавляем благодарность, подавляем счастье. И тогда мы несчастны. И мы ищем цели и смысл, и мы чувствуем себя уязвимыми. И начинается опасный круг. Почему и как мы подавляем? И речь идет не только о зависимости, мы делаем еще кое что. Все, что неоднозначно, мы делаем определенным. Я прав, ты неправ. Чем больше мы боимся, тем более становимся уязвимыми. Мы начинаем только обвинять. Обвинение — это способ выплеска боли и дискомфорта. Есть другой путь, позволить, чтобы нас увидели до глубины души, со всеми нашими слабостями; любить от всего сердца, даже если нет никаких гарантий. Верь в то, что мы полноценные личности. Потому что, когда мы действуем исходя из убеждения, что я полноценная личность, тогда мы перестаем кричать и начинаем слушать, тогда мы относимся добрее и нежнее к окружающим нас людям и к себе.

Здесь живет страсть.

Друзья, сегодня, я хочу вас познакомить с чилийской писательницей Изабель Альенде. Главные герои ее книг это сильные и страстные женщины. Она их не придумывает, они повсюду. Изабель работает с женщинами и для женщин. Привожу вашему вниманию ее речь на одном из выступлений, в котором Изабель рассказала о себе и своих не выдуманных историях. Соприкоснитесь с ее мировоззрением. Итак, Изабель Альенде рассказывает истории о страсти…

В 2006 году меня пригласили принять участие в зимней олимпиаде, которая проходила в Италии, в качестве знаменосца. Это было впервые за всю историю олимпийских игр, когда только женщины несли олимпийский флаг. Пять женщин представляющих пять континентов и три олимпийские золотые медалистки. Турин, и я среди спортсменов, которые отдали все ради участия в играх. Они все заслуживали победы, но есть некоторый элемент удачи. Крупинка снега, кусочек льда, сила ветра могут определить результат гонки или соревнования. Однако самое важное — важнее тренировок и удачи — это сердце. Только бесстрашное и горячее сердце получит золотую медаль. Все зависит от страсти. Улицы Турина были заполнены красными плакатами провозглашающими девиз Олимпиады : «Здесь живет страсть». Сердце — вот что ведет нас и определяет нашу судьбу. Именно об этом мои книги. Мои герои яркие индивидуалисты,авантюристы, аутсайдеры и бунтари, которые задают вопросы, нарушают правила и рискуют. Хорошие люди со здравым смыслом не являются интересными персонажами. Из них получаются только хорошие бывшие супруги. В Турине среди знаменосцев были актрисы Сьюзанн Сарандон и Софи Лорен. И две женщины со страстным сердцем Вангари Маатай, лауреат нобелевской премии из Кении, которая посадила 30 миллионов деревьев и таким образом изменила почву и погоду в некоторых областях Африки и, конечно,экономические условия многих деревень.

Вангари Маатай посещает кенийские деревни. Она разговаривает с женщинами и объясняет им, что земля не плодородна, потому, что они срубили и продали деревья. Она помогает им сажать новые и поливать их, капля за каплей. За 5-6 лет вырастает лес, почва обогащается и деревни спасены.

Другая женщина Сомали Мам, камбоджийская активистка, которая страстно борется против детской проституции. Которая, в 14 лет была продана своим дедом в публичный дом. Она рассказала, что некоторые мужчины верят, что секс с очень молоденькой девственницей исцелит их от СПИДа. И о публичных домах, где детей заставляли принимать по 5- 15 клиентов в день

Итак, история о страсти.

1998 год, лагерь- тюрьма для беженцев тутси в Конго. 80% всех беженцев и вынужденных переселенцев составляют женщины и девочки. Это поистине лагерь смерти, потому что все кого не убили умрут от болезней или голода. Главные герои этой истории — молодая женщина, Роуз Мапендо, и ее дети. Она беременна и вдова. Солдаты заставили ее наблюдать, как мучительно убивают ее мужа. Эта мужественная женщина умудрилась спасти всех своих семерых детей. И несколько месяцев спустя родила недоношенных близнецов. Двух мальчиков. Она перерезала пуповину палкой и завязала ее своими волосами. Когда солдаты ворвались в камеру, чтобы изнасиловать ее старшую дочь, она закрыла ее и отказалась отпускать даже когда ей приставили пистолет к голове. И семья продержала еще 16 месяцев. А потом благодаря страстному сердцу американского парня Саши Чанова, который смог посадить ее на спасательный самолет США , она с девятью детьми оказалась в Фениксе штат Аризона, где они сейчас живут и процветают. Мапендо на суахили означает «великая любовь»

Вот другая история о страсти. Действие происходит в маленькой женской клинике, в деревне Бангладеше. 2005 год. Дженни — молодая американка, стоматолог-гигиенист. Приехавшая в клинику в качестве волонтера во время трехнедельных каникул. Она готовилась чистить зубы, и когда приехала на место, то увидела, что нет ни докторов, ни дантистов, а клиника — просто лачуга, полная мух. Снаружи очередь женщин, которые часами ждали лечения. У первой пациентки мучительные боли, потому что у нее несколько гнилых зубов. Дженни понимает, что единственное решение — удалить их. Она никогда не делала это. Она сильно рискует и очень напугана. У нее нет необходимых инструментов. Но у Дженни храброе и страстное сердце. Она шепчет молитву и начинает операцию. А в конце спасения пациентка целует ей руки. На следующее утро, ее первая пациентка ждет ее со своим мужем. Лицо женщины напоминает дыню. Оно так опухло, что глаз не видно. А муж в бешенстве грозится убить американку. Дженни испугалась, что же она наделала, но переводчик ей объясняет, что такое состояние не вызвано операцией. Муж избил ее за то, что она не пришла вовремя домой, чтобы приготовить ему ужин.

Миллионы женщин живут так сегодня. Хотя на долю женщин приходится две трети мирового труда, они владеют менее 1 процентом мирового капитала. Им платят меньше, чем мужчинам за ту же работу, если вообще платят, и они очень не защищены, потому что у них нет экономической независимости и им постоянно угрожает эксплуатация, насилие и жестокое обращение.

Факт, что если женщинам предоставить образование, работу, возможность контролировать свой доход, наследовать и владеть собственностью, то от этого выиграет все общество. Если женщине предоставить права, ее дети и семья будут более состоятельными. А если семьи процветают, то и деревня процветает, и вся страна в целом. Самые бедные и малоразвитые общества — это те, которые принижают своих женщин. Работающие вместе женщины способны принести мир и процветание этой планете. Жертвами современных войн являются мирные жители, в основном женщины и дети. Их называют «сопутствующие потери». Мужчины правят миром, и взгляните, что за беспорядок мы имеем. Какой мы хотим видеть нашу планету? Есть ли смысл принимать текущий порядок вещей в мире? Мы хотим мир, в котором жизнь защищают, а качество жизни повышают для всех.

У нашего вида вожаки стаи создают реальность и принуждают других принять эту реальность и следовать правилам. Злоупотребления просачиваются от самого верха лестницы до низа.

Женщины и дети находятся в самом низу. Даже у самых нищих мужчин обязательно есть кто-то, над кем они могут издеваться — женщина или ребенок. Я думаю самое время проводить глобальные перемены нашей цивилизации. Но для реальных перемен нам необходима женская власть в управлении миром. И нам следует воспитывать женскую энергию в мужчинах. Я имею в виду молодых мужчин. Старые парни безнадежны и мы вынуждены ждать, пока они не вымрут. Я хочу сделать этот мир хорошим. Не просто лучше, а именно хорошим. Это возможно. Давайте приподнимем наши задницы, закатаем рукава и приступим к работе страстно, создавая почти идеальный мир.

Библиография

В статье «Как победить исполина.» напечатано письмо — сестре о моей безответственности. Данное письмо размешено с разрешения его автора, моей сестры Васильевой Татьяны.

Статья «Делай не смотря ни на что.», написана по материалам статьи «История русского искусства в 15 картинах.»

Источник:http://rus.ruvr.ru/2012_09_08/Nonkonformizm-Istorija-russkogo-iskusstva-v-15-kartinah/

Статья «Брин Браун: Сила уязвимости.» подготовлена по выступлению Брин Браун, на TEDx в Хьюстоне.

Источник: http://www.ted.com/talks/lang/ru/brene_brown_on_vulnerability.html

Материал статьи «Здесь живет страсть.» подготовлен по выступлению чилийской писательницей Изабель Альенде.

Источник: http://www.ted.com/talks/isabel_allende_tells_tales_of_passion.html

i want morebooks!

Покупайте Ваши книги быстро и без посредников он-лайн – в одном из самых быстрорастущих книжных он-лайн магазинов! окружающей среде благодаря технологии Печати-на-Заказ.

Покупайте Ваши книги на
www.more-books.ru

Buy your books fast and straightforward online - at one of world's fastest growing online book stores! Environmentally sound due to Print-on-Demand technologies.

Buy your books online at
www.get-morebooks.com

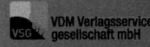

VDM Verlagsservicegesellschaft mbH
Heinrich-Böcking-Str. 6-8   Telefon: +49 681 3720 174   info@vdm-vsg.de
D - 66121 Saarbrücken   Telefax: +49 681 3720 1749   www.vdm-vsg.de

Printed by Books on Demand GmbH, Norderstedt / Germany